AF244542

VIE

DE LA

SOEUR MARIE-THÉRÈSE

DE

L'ANNONCIADE,

dite dans le monde,

GENEVIÈVE TARTARIN.

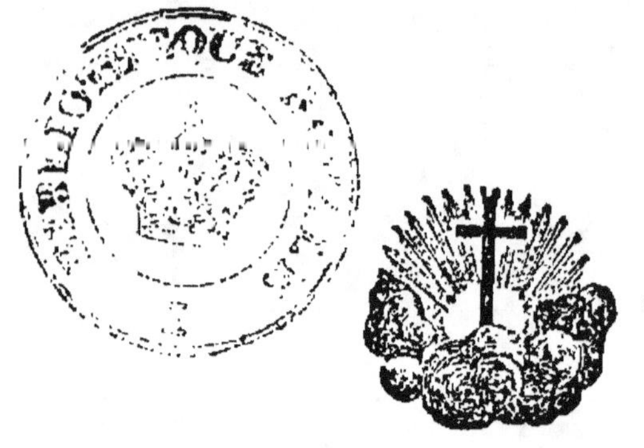

LANGRES,

LAURENT FILS ET C.ie, IMPRIMEURS-LIBRAIRES.

1846.

VIE

DE LA

SŒUR MARIE-THÉRÈSE,

DE

L'ANNONCIADE,

dite dans le monde,

GENEVIÈVE TARTARIN.

SA NAISSANCE.

Sœur Marie-Thérèse, nommée dans le monde Geneviève Tartarin, naquit à Saint-Geômes le premier novembre de l'an mil huit cent vingt-trois. Elle fut baptisée le même jour dans l'église des Saints-Jumeaux. Elle était la plus jeune de huit enfants, tous issus du mariage de François Tartarin et de Jeanne Gagnot. Elle n'avait pas encore trois mois quand elle perdit son père, homme recommandable par sa foi et la pratique de tous ses devoirs religieux. Cette famille jouit, parmi les villageois, d'une honnête aisance, qui ne l'empêche pas de se livrer à une vie très-laborieuse.

On peut dire que Geneviève Tartarin chercha Dieu sincèrement dès son enfance, qu'elle ne le perdit jamais de vue dans le monde et qu'elle le trouva entièrement dans la solitude.

Elle ne jeta, à la vérité, aucun éclat; elle fut l'humble violette qu'il faut regarder de près si l'on veut voir sa beauté et respirer sa bonne odeur. Cependant, nous pouvons présenter cette modeste vierge comme un modèle accompli aux jeunes personnes de sa condition dans le monde; et son exemple peut même être proposé aux âmes privilégiées qu'une sainte vocation appelle au noviciat de la vie religieuse.

SES QUALITÉS.

La jeune Geneviève ne brilla point par les qualités de son esprit. Quoiqu'elle eût un jugement bien sain, avec une application soutenue et de courageux efforts elle ne fit dans son enfance que de faibles progrès dans les sciences même de sa condition. Elle connaissait sa religion d'une manière assez approfondie, elle savait parfaitement son catéchisme et en saisissait bien le sens, elle savait par cœur un assez grand nombre de prières et plusieurs cantiques ; ses connaissances n'allaient guère au-delà. Mais ses vraies qualités furent sa docilité, son innocence, sa candeur, une grande pureté de mœurs, une piété simple et naïve. Dès son enfance et pendant toute sa vie elle pratiqua constamment des vertus solides qui ne se démentirent pas un seul instant.

D'abord sa docilité était telle que dans sa famille on ne se rappelle pas l'avoir vu désobéir une seule fois. Elle n'attendait pas qu'on lui commandât, elle prévenait les désirs et les intentions, même dans les plus petites choses. Elle obéissait à ses frères et à ses sœurs comme elle obéissait à sa mère, ou plutôt comme à Dieu même. Obligée souvent, à cause des nombreux et pénibles travaux de la maison, de se livrer à des occupations au-dessus de son âge et de ses forces, elle le faisait toujours sans réplique et sans jamais faire entendre un seul mot de plainte. Ses frères qui l'affectionnaient beaucoup, ravis de sa docilité, se plaisaient quelquefois à la mettre à l'épreuve; au premier mot elle était prête, et faisait, sans la moindre observation, ce qu'on désirait d'elle. Il est inutile de remarquer qu'elle pratiquait surtout cette vertu dans les choses spirituelles. Le plus petit conseil de son directeur était pour elle un ordre du ciel. Enfin, on peut dire qu'on ne l'a pas trouvée une seule fois en défaut sous le rapport de l'obéissance.

Sa douceur était charmante, on ne sait réellement pas si pendant toute sa vie il lui est échappé un seul mot d'aigreur : elle était bonne à l'égard de tout le monde sans nulle exception; jamais une parole offensante n'est sortie de sa bouche. Ne méprisant personne, ne disant jamais mal de personne, elle fuyait les conversations dangereuses du monde. Dans le sein de la famille c'était un ange de paix au milieu de ses nombreux frères et sœurs, et elle répandait par tout cet esprit de douceur et de paix que Dieu avait mis dans son cœur.

Très-réservée dans ses paroles, un léger sourire sur les lèvres, elle était d'une gaîté un peu enfantine, mais qui ne passait point les bornes d'une décente retenue. Assez souvent sa famille la chargeait spécialement de faire quelques œuvres de charité, et il était facile de s'apercevoir qu'on ne pouvait pas lui procurer un plus doux plaisir.

Elle était d'une tranquillité imperturbable, toujours la même, quelque chose qui arrivât : toujours contente au milieu de ses travaux, de ses fatigues et des divers accidents qui sont inséparables de la vie; ce qui faisait dire souvent à une de ses sœurs : « Combien je voudrais être comme ma » sœur Geneviève, quel heureux carac- » tère elle a, quoiqu'il arrive elle est » toujours la même! » Cette tranquillité d'âme ne venait nullement d'un caractère apathique, elle était au contraire extrêmement sensible et très-ardente : mais la droiture de ses intentions, son habitude de voir Dieu en tout et de se tenir en sa sainte présence, son abandon à sa sainte volonté, la rendait ainsi maîtresse d'elle-même, et lui donnait ce grand empire sur son cœur.

Il est difficile qu'une jeune personne porte plus loin l'oubli d'elle-même et le mépris pour la parure. Elle ne s'occupait pas plus d'habit que si elle n'eût point eu de corps. Il n'y avait pas l'ombre de recherche dans la manière de s'habiller ; seulement elle était mise proprement selon sa condition et son état. Si on ne lui eut point acheté d'habit elle n'en aurait point demandé. Quand parfois ses compagnes lui demandaient pourquoi elle n'achetait pas des habits un peu plus riches ou un peu plus élégants, elle se contentait de leur répondre qu'elle n'en avait pas besoin. C'était avec le plus grand soin qu'elle évitait tout ce qui s'éloignait de la simplicité chrétienne.

Dans ses repas point de délicatesse, elle mangeait ce qu'on lui donnait : on ne se rappelle pas lui avoir entendu dire qu'une chose n'était pas de son goût. Son estomac ne pouvait supporter les œufs, et elle fit des efforts incroyables pour vaincre ce dégoût ; mais du reste, on lui aurait, dit-on, donné de la terre à manger qu'elle l'eût fait.

Laborieuse au-delà de tout ce qu'on peut dire, elle ne perdait point de temps, elle était toujours occupée : elle ne connaissait en réalité que deux choses, la prière et le travail. Souvent obligée par suite des nombreux ouvrages de la maison de s'adonner aux travaux les plus pénibles de la campagne, elle le faisait avec un dévouement que son amour pour la sainte volonté de Dieu pouvait seul lui rendre facile. Conduisant la charrue, elle avait quelquefois les pieds blessés, sans qu'elle fît jamais entendre un seul mot de plainte ; si des souliers étaient trop courts, elle n'en demandait point d'autres.

Industrieuse à cacher ses vertus aux yeux du monde, on ne voyait en elle qu'une bonne chrétienne ordinaire.

Ces vertus, qui lui étaient familières, avaient leur source dans son ardent amour pour Dieu. La prière était la nourriture de son âme, elle priait partout. Lorsque dans certaines saisons de l'année on était très-pressé pour le travail, elle avait si peur de ne pas pouvoir donner un temps suffisant à sa prière du matin, que souvent elle se couchait tout habillée, et bien des fois quand il fallait partir pour labourer les champs ou les moissonner ou pour faire d'autres ouvrages, il fallait l'arracher de sa prière. Quelquefois il arrivait delà qu'on la grondait de sa lenteur. Elle se reprochait amèrement d'avoir contristé des parents dont elle aimait tant à faire la volonté, tandis qu'elle s'était simplement oubliée à prier le bon Dieu.

De cet esprit de prière lui venait un

goût prononcé pour la retraite : souvent pendant que dans la maison on se livrait à des conversations indifférentes, elle se retirait seule dans une chambre pour y prier ou pour se livrer à quelques pieuses lectures. Cet attrait pour la solitude ne la rendait ni sauvage ni mélancolique : elle était réservée dans ses paroles, parlant même assez peu, mais personne n'était plus agréable en conversation.

Elle se tenait continuellement en la sainte présence de Dieu, aussi bien au milieu des plus durs travaux de la campagne qu'en tout autre lieu et en toute autre circonstance. Sa grande et fréquente récréation était de chanter des cantiques qu'elle savait par cœur.

Elle craignait en toute vérité, jusqu'à l'apparence du péché. On a de bonnes raisons de croire qu'elle avait conservé l'innocence de son baptême. Cependant elle était fort éloignée de se croire bonne ; une pareille idée ne lui venait même pas à l'esprit. Elle n'avait qu'une seule crainte, celle de ne pas assez aimer le bon Dieu. Parfois elle exprimait cette crainte à ses amies, et les expressions dont elle se servait étaient elles-mêmes d'ardents élans de la charité qui remplissait son cœur. Elle se confessait régulièrement tous les quinze jours ; depuis sa première communion sa régularité sur ce point ne s'est pas démentie.

À l'âge de quatorze et quinze ans, elle communiait aussi tous les quinze jours. Plus tard elle faisait la sainte communion à peu près tous les dimanches et toutes les fêtes d'obligation et de dévotion : il était facile de voir que son cœur eût désiré le faire plus souvent, mais elle ne demandait rien, et comme les trois quarts de l'année elle était grandement occupée aux travaux de la campagne, on jugeait à propos de la laisser agir ainsi.

La veille de ses communions elle redoublait de recueillement, elle craignait toujours de n'être pas assez fervente pour recevoir le Dieu de charité !

Les dimanches et les fêtes, comme elle était plus libre de son temps, elle l'employait presque tout entier, selon son attrait, aux œuvres et aux exercices de la piété.

SA CONDUITE

AUX PRINCIPALES ÉPOQUES DE SA VIE.

Geneviève pieuse dès sa première enfance avait redoublé de piété et montré une ferveur au-dessus de son âge au moment de sa première communion, qu'elle fit le dimanche de la Passion en l'an 1837. L'année suivante un nouveau pasteur qui venait de prendre la direction de la paroisse de Saint-Geômes, fit la première communion à d'autres enfants avec les solennités d'usage; il engagea ceux qui l'avaient faite l'année précédente à prendre part de nouveau aux cérémonies de cette touchante circonstance. La jeune Geneviève qui était du nombre de ces derniers s'y prépara avec autant de soin et d'ardeur que si elle se fût disposée à communier pour la première fois : elle suivit exactement les exercices de la retraite qui précédaient la première communion, et elle se distingua par le bon exemple de recueillement et de ferveur qu'elle donna aux autres enfants.

Elle fut confirmée dans le courant de l'année mil huit cent quarante-trois : elle se prépara à la réception du sacrement de confirmation avec une ferveur admirable ; elle ne pensait jamais être assez préparée à ce sacrement, qu'elle savait ne devoir être reçu qu'une fois : aussi depuis cette époque on a remarqué sensiblement quelque chose de plus mûri dans sa piété.

L'image de la sainte Vierge, que les jeunes personnes de la paroisse portent dans les processions, lui ayant été confiée, elle obtint de la conserver pendant trois ans. Son bonheur était de l'orner et de passer à ses pieds de précieux moments : c'est dans ses pieux entretiens avec cette bonne Mère que sa belle vocation à la vie religieuse fut décidée et affermie.

Son cœur n'avait rien pour le monde ; elle était fort éloignée de toute liaison et et même de toute conversation avec les personnes d'un sexe différent, ce qui n'empêcha pas que, quoique bien jeune encore, elle fut recherchée à raison de ses excellentes qualités et qu'on lui proposât jusqu'à trois ou quatre fois, de différentes parts, un mariage avantageux selon le monde.

Aux ouvertures qui lui furent faites sur ce sujet, elle ne donna aucune réponse ; elle ne parut pas plus s'en occuper que s'il ne se fût nullement agi d'elle-même. Son indifférence ou, si l'on veut, sa grande réserve étonnait ses parents, qui étaient à se demander quelles pouvaient être ses vraies intentions, puisque sur une affaire aussi grave jamais ils ne lui avaient entendu faire aucune réflexion.

Mais depuis longtemps déjà elle avait fait le choix d'un époux, qui possédait seul tout son cœur.

Depuis plusieurs années elle méditait sur le moyen de se consacrer à Dieu sans partage afin de lui être plus agréable et de lui plaire uniquement. Enfin, après avoir bien mûri son dessein entre Dieu et elle-même, il fallut bien le découvrir. Elle déclara donc que son intention était d'aller au couvent des Annonciades de Langres, qu'il y avait déjà au moins trois ans, que c'était l'objet de ses ardents désirs.

On lui opposa quelques difficultés pour éprouver sa vocation, mais Dieu l'appelait, on dut céder.

Quand tout le monde dormait dans la maison, elle se levait au milieu de la nuit et en passait une grande partie en prière; son caractère, jusque là si gai, commençait à prendre une teinte de mélancolie; ses yeux devenaient rouges et étaient souvent humides de larmes; le monde lui devenait entièrement insipide.

L'aîné de ses frères qui avait cru devoir, pour certaines raisons, mettre un instant opposition à son pieux projet, fut cruellement tourmenté et d'une manière tout extraordinaire pendant une nuit entière. Ses parents, c'est-à-dire, sa mère, ses frères et ses sœurs, voyant cela et craignant d'ailleurs d'aller contre la volonté de Dieu et de compromettre la santé d'une enfant tendrement affectionnée, lui accordèrent unanimement leur consentement.

Oh! alors combien sa joie fut grande! plus heureuse mille fois que si elle eût possédé le monde entier, elle n'eut rien de plus empressé que de se rendre au lieu où la grâce l'appelait. Elle entra donc avec une vive allégresse dans la sainte maison des Annonciades de Langres, le 15 novembre 1844.

Quelle y fut sa conduite ? Nous savons gré aux bonnes et respectables Religieuses de l'Annonciade, de nous avoir donné sur ce sujet d'édifiants détails. Nous allons transcrire en entier l'édifiante relation qu'après la mort de leur jeune sœur elles ont communiquée à sa famille.

SA VIE RELIGIEUSE ET SA MORT.

Relation des Religieuses de l'Annonciade de Langres.

« La simplicité n'a qu'un regard, qu'un désir, qu'une volonté, qu'un amour : Dieu seul.

» Tel a été le caractère particulier de la piété tout à la fois solide et tendre de notre bien-aimée sœur Marie-Thérèse, nommée dans le monde Geneviève Tartarin, dont le bon Dieu vient d'exiger de nous le sacrifice prématuré, un mois seulement après que nous avions eu la consolation d'accorder à ses ardents désirs la faveur du saint habit de l'Annonciade.

» Née à Saint-Geômes dans une famille d'une foi pure et d'une grande simplicité de mœurs, cette enfant de bénédiction n'eut sous les yeux dès sa plus tendre enfance que de bons exemples. Cultivée dans la piété par des Pasteurs zélés qui, dès son jeune âge, découvrirent en elle les bonnes qualités que dans sa candeur elle ignorait elle-même, ils la secondèrent avantageusement aussitôt qu'elle eût fait connaître l'attrait que Dieu lui donnait d'entrer dans notre monastère où elle se croyait appelée, et qu'elle envisageait comme le port du salut.

» Il fallut qu'elle employât tout son courage pour surmonter les oppositions de la tendresse maternelle, et d'une famille dont elle était tendrement aimée, pour son heureux caractère, les bonnes qualités de son cœur et son édifiante conduite. La grâce de sa vocation la rendit victorieuse et elle fit son entrée parmi nous, à sa grande consolation, le 15 novembre de l'année 1844, ayant alors vingt ans et demi.

» Comme notre jeune postulante s'était beaucoup adonnée aux travaux de la campagne, et qu'elle n'avait pas beaucoup de facilité pour apprendre à lire, tout autre courage que le sien se serait démenti à la vue des obstacles que cela paraissait devoir apporter à l'exécution de son religieux dessein ; et vraiment nous fûmes touchées bien souvent de la grande bonne volonté qu'elle montra pour se mettre à même de remplir les devoirs de notre sublime vocation.

» Dès son entrée en religion, par un vif désir d'acquérir les vertus religieuses, elle se remit comme une cire molle entre les mains de sa mère-maîtresse, lui promettant de faire tout ce qu'elle lui ordonnerait. Fidèle à sa résolution, son obéissance était prompte, sans réplique, sans excuse parce qu'elle envisageait la personne de Notre-Seigneur dans celle de ses supérieurs. Cette âme droite et simple sentait et goûtait les choses de Dieu mieux qu'elle ne pouvait l'exprimer, parce que son intelligence n'avait pas encore reçu ce développement sensible que nous avons remarqué pendant sa maladie, où elle nous mit à même d'apprécier ses heureuses dispositions et le bon profit qu'elle avait fait de l'éducation spirituelle qu'on lui avait donnée.

» Ses progrès rapides qui se manifestèrent alors, et qui en ont fait en si peu de temps un fruit mûr pour le ciel, découlaient comme de source de l'étude approfondie des vérités de la foi et de la connaissance d'elle-même. C'est dans ses sérieuses méditations aux pieds du crucifix qu'elle en apprit la science sublime et voulut baser le solide édifice de sa perfection sur le détachement entier des créatures et d'elle-même.

» Ses intentions étaient si pures, que dans

ses actions elle aurait cru faire un larcin à Dieu si elles n'eussent eu pour but sa gloire et le salut des âmes. »

» Grandement vigilante sur ses pensées et les mouvements de son cœur, pour satisfaire sa conscience délicate qui lui faisait craindre jusqu'à l'ombre du péché, elle s'aidait efficacement du motif de la présence de Dieu qui est le témoin et le juge de toutes nos œuvres. C'est dans cette vue pénétrante qu'elle regrettait de n'avoir eu pour but autrefois dans ses pénibles travaux, tout au plus que d'avancer la besogne, tandis que dans le cloître (dont elle aurait souvent volontiers baisé les murs par un transport de reconnaissance de ce qu'ils la protégeaient contre la vue et les dangers du monde), elle pouvait réparer ses pertes spirituelles et attirer sur les travaux de ses parents, dont elle s'occupait pour les offrir à Dieu, en union avec ceux de Notre-Seigneur, toutes les bénédictions du ciel.

» Elle était industrieuse à produire plusieurs actes de vertus dans un seul, comme on peut le découvrir en sondant ses motifs intérieurs.

» Le bon emploi de son temps était ingénieusement partagé et offert à Dieu, tantôt pour les besoins de l'Eglise ou de la Communauté, tantôt pour la conversion des pécheurs ou le soulagement des défunts, ou selon les besoins généraux et particuliers, mais toujours en dehors des sentiments naturels.

» Sa dévotion envers la sainte Vierge était tendre et affectueuse, ne pouvant assez reconnaître les grandes grâces dont elle avait été comblée par son entremise, elle avouait dans son ingénuité à sa Maîtresse du noviciat, en lui parlant du principe de sa vocation qu'un jour étant aux pieds de cette bonne Mère, elle entendit une voix qui lui disait qu'elle serait religieuse. Cette grâce la fortifia tellement que rien ne lui parut difficile pour parvenir à ce but tant désiré.

» Nous pouvons lui rendre témoignage

que c'est à l'ardeur de ses efforts pour y atteindre que nous nous sommes rendues, en l'admettant à la prise d'habits, quoique sa santé nous offrît dès lors quelques inquiétudes. Rassurées par le médecin, qui crut simplement, aussi bien que nous, à la force apparente de son tempérament, on lui accorda cette faveur dont elle sentit tout le prix, et la cérémonie en eut lieu le 12 février de cette présente année (1846). La joie que son âme ressentit de ses fiançailles spirituelles rejaillit un instant sur son tempérament, et fit paraître un changement de position qui nous donna l'espoir du rétablissement de sa santé. Mais les pensées de Dieu ne sont pas les nôtres, il la conduisait par des voies secrètes vers la récompense éternelle que ses efforts généreux lui avaient déjà méritée : nous le trouvâmes comme inflexible aux vœux ardents que nous formions pour sa conservation, mais libéral à lui départir les grâces dont elle avait si grand besoin pour supporter les accidents d'une maladie violente qui devait terminer sa vie.

» D'abord s'étant montrée fille d'obéissance, aussitôt qu'elle fut à l'infirmerie, à défaut du jeûne corporel du carême, elle se fit un point capital de la plus entière soumission, toujours en union et imitation de celle de son Sauveur qu'elle suivait en esprit dans le désert.

» Il fallait la rassurer lorsque l'abattement de ses fortes douleurs l'avaient empêchée de se tenir aussi fidèlement à la sainte présence de Dieu, qu'elle s'y attachait d'ordinaire; ses yeux élevés fréquemment vers le ciel, où d'avance était son cœur et ses affections, nous disent encore que c'était de Dieu seul qu'elle attendait le secours pour supporter ses maux avec cette patience admirable dont elle nous a fourni le modèle. Sa consolation était de nous entendre lui parler chacune à notre tour, en la visitant, de la manière de bien souffrir, et elle nous écoutait avec un religieux respect, fruit d'une foi vive et éclairée. Mon Jésus! s'écriait-elle, c'est pour vous que je souffre, je veux vivre et mourir par obéissance ! D'autres fois c'était de profondes réflexions, sur la manière dont souffrent tant de personnes du monde, et le désir que ce fût en esprit de pénitence pour leurs fautes.

» La maladie de poitrine déclarée et l'inflammation devenant plus violente, notre fervente novice demanda d'elle-même les derniers Sacrements et la grâce de prononcer ses vœux, ce qui lui fut accordé par nos Supérieurs trois jours avant sa mort.

» Ses souffrances devinrent de plus en plus aiguës. Sa respectable mère ayant obtenu de monseigneur l'Evêque par de vives instances, la permission de la voir encore, il fallut rassurer la malade, sur la crainte qu'elle ressentit de diminuer le prix du sacrifice qu'elle avait fait.

» Cependant notre chère novice munie à temps des secours du saint viatique, de l'extrême - onction et des indulgences, se montrait pénétrée de reconnaissance jusqu'à l'attendrissement des grâces qu'elle recevait du bon Dieu, et des soins que lui prodiguaient ses infirmières. Sa présence d'esprit ne lui laissait rien perdre de ce qui pouvait grossir son trésor pour le Ciel. Le jour de sa délivrance approchait et elle l'acheta par des redoublements d'accidents qui nous touchaient sensiblement.

» Un peu avant d'entrer en agonie, elle s'attendait à reposer à cause du calme survenu tout-à-coup dans sa position ; elle touchait en effet au repos éternel. On s'apperçut qu'elle était au dernier moment de sa vie sur la terre, et la communauté se réunit autour d'elle, pour prier pendant les cinq quarts d'heure où on crut qu'elle n'avait plus de connaissance ; après de légers soupirs, son âme se dégagea sans effort de son corps purifié par la souffrance le 14 du mois de mars de l'année 1846, vers les dix heures du soir, pour aller se réunir à Dieu qu'elle avait cherché très-purement dans toute la simplicité de son cœur et toute la ferveur d'une novice dans le cloître, comme elle l'avait fait dans le monde en Vierge sage et chrétienne.

» On peut dire que cette fin si douce et qui portait avec soi la consolation, nous donna la pensée de procurer à sa famille affligée et à toute sa paroisse où elle avait donné si bonne édification, le consolant spectacle de lire sur son visage l'espoir de sa béatitude qui y paraissait déjà imprimé. Ce sera au moins un encouragement aux jeunes personnes qui veulent assurer leur salut dans le monde, de se rendre fidèles à la grâce qui ne manque jamais aux âmes de bonne volonté, et d'avancer dans la perfection chrétienne sous la direction de l'obéissance, aussi loin qu'elle voudra les conduire.

» Toute la communauté regrette cette bonne et édifiance novice, ses compagnes qui la chérissaient pour son heureux caractère, partagent le sacrifice de cette séparation : nous conserverons l'espoir que du haut du Ciel où elle nous devance de quelques jours, elle sera notre protectrice en retour du bien spirituel que la religion comme une bonne et tendre mère a voulu lui procurer, tandis que ses restes mortels éloignés de nous seront un germe de bénédiction et de salutaires souvenirs pour la jeunesse de la paroisse qui les possède.

» Nous immortaliserons son nom dans le monument de nos annales. »

Cette intéressante relation des respectables Sœurs de l'Annonciade, nous montre les progrès que leur jeune novice fit dans la perfection pendant les dix-sept mois qu'elle passa dans leur sainte maison. On conçoit facilement, d'après ce que nous avons dit, que ses vertus se soient mûries promptement dans le cloître. Ce n'est guère que dans ses derniers jours qu'on a pû les apprécier entièrement, parce que sa simplicité et son humilité les lui cachaient à elle-même bien loin qu'elle cherchât à en faire parade.

A l'âge de vingt-deux ans cinq mois, cette enfant de bénédiction était mûre pour le Ciel, et son âme candide y alla, ainsi que nous en avons la confiance, le 14 du mois de mars 1846.

Pour son corps, on le transporta le lendemain de sa mort du monastère des Annonciades à Saint-Geômes sa paroisse: il fut exposé dans la maison de ses parents depuis environ les trois heures du soir jusqu'à quatre heures et demie, ayant sur la tête la couronne du jour de ses noces spirituelles, celle qu'elle portait quand elle reçut le saint habit de la religion, véritable robe nuptiale dont elle demeura également revêtue après sa mort.

On accourut aussitôt en foule pour contempler ces restes mortels que l'on vénérait comme les dépouilles d'une prédestinée. Il y eut si grande affluence pendant tout le temps que le corps fut exposé, qu'un très-grand nombre de personnes ne purent malgré leurs efforts en approcher. Chacun faisait passer des croix, des chapelets, des médailles pour qu'on les fit toucher ces restes vénérés. Les jeunes personnes surtout ne pouvaient se lasser de les contempler, et toutes disaient qu'on n'a jamais vu un corps aussi beau ; elles le baisaient avec respect : « quelle est belle et heureuse ! disaient-elles ». Effectivement ce corps était d'une blancheur extraordinaire, et semblait encore dans son état de mort, respirer cette candeur et cette douceur qui caractérisaient l'âme qui l'avait animé.

Sur les cinq heures du soir, le troisième dimanche de carême, on le transporta de la maison à l'église, et ensuite au milieu d'un concours nombreux de fidèles, on le conduisit au cimetière de la paroisse, où il fut inhumé dans le lieu de la sépulture de sa famille. Pendant cette cérémonie, les jeunes personnes surtout, éprouvèrent un mélange inexprimable de sentiments divers de consolation, de peine et de piété : toutes en ressentaient de salutaires impressions.

Il n'y eut à cette occasion, qu'un langage unanime dans la paroisse : quelle est heureuse la pauvre enfant ! combien nous voudrions mourir comme elle ! Et en effet, selon le langage de l'Esprit saint, nous pouvons dire d'elle, ce qu'il dit du juste qui meurt jeune, mais qui a bien employé le petit nombre de ses années: *que ses jours sont pleins et qu'en peu de temps il a beaucoup vécu.*

Telle fut la vie et la mort de Geneviève Tartarin, dite en Religion Marie-Thérèse de l'Annonciade. Nous avons tout lieu d'espérer qu'elle est maintenant au ciel, et qu'elle prie pour nous ; c'est pour perpétuer l'exemple des vertus qu'elle nous a données qu'on a écrit cette notice, pour être à tous, et particulièrement aux jeunes personnes, un sujet d'édification et un motif d'encouragement.

Langres, impr. de Laurent fils.

www.ingramcontent.com/pod-product-compliance
Lightning Source LLC
Chambersburg PA
CBHW061722060726
47597CB00006B/2516